M. Guillaumot administrateur
de la Manufacture des Gobelins
1808 (1er et 12 janvier)

Δ 1896

NOTICE

DES LIVRES

DE LA BIBLIOTHEQUE

DE FEU M. GUILLAUMOT,

Directeur et Inspecteur-général des Carrières, Administrateur de la Manufacture Impériale des Gobelins, membre de l'ancienne Académie d'Architecture, de la Société libre des Sciences, Lettres et Arts; de l'Athénée, ci-devant Lycée des Arts, et de la Société Académique des Sciences de Paris,

Dont la vente se fera les Lundi 11 et Mardi 12 Janvier 1808 de relevée, rue des Bons-Enfans, n°. 30,

SALLE SILVESTRE.

Elle se distribue, à Paris, chez

MM. { OLIVIER, Commissaire-priseur, rue Batave, N°. 4.
{ SILVESTRE, Libraire, rue des Bons-Enfans, N°. 30.

1808.

PRÉCIS

DES LIVRES

DE TYPOGRAPHIE

DE FEU M. GUILLAUMOT

ORLÉANS, [imprint — illegible]

NOTICE

DES LIVRES

DE LA BIBLIOTHEQUE
DE FEU M. GUILLAUMOT.

SCIENCES ET ARTS.

N.º 1. Lettres sur l'origine des Sciences et sur l'Atlantide de Platon, par Bailly. *Paris*, 1777 et 1779, 2 vol. in-8, bas.

2 De l'origine des Lois, des Arts et des Sciences, par Goguet. 6 *vol. in-12, v. fig.*

3 Mémoires sur les Hôpitaux de Paris, par Tenon. *Paris*, 1788, in-4, br. en cart. fig.

4 Etat des Prisons, des Hôpitaux et Maisons de force, trad. de l'Anglais de Howard. *Paris*, 1788, 2 vol. in-8, v. m. fig.

5 Mémoires concernant un établissement proposé pour empêcher toute sorte de pauvres d'un état mécanique d'être privés de leurs besoins et réduits à la mendicité, etc. *In-fol.* v. m. manusc.

6 Essais politiques et économiques, par Benjamin, comte de Rumfort. *Genève*, 1797, 2 vol. in-8, brochés.

7 Historia del monte Vesuvio. *Napoli*, 1734, in-4.

8 Recherches sur les volcans éteints du Vivarais et du Velay, par Faujas de Saint-Fond. *Grenoble*, 1778, in-fol. bas. fig.

9 Minéralogie des volcans, par Faujas de Saint-Fond. *Paris*, 1784. — Œuvres du chevalier Hamilton. *Paris*, 1781, in-8, bas.

10 Traité des Rivières et des Torrens, par Frisi. *Paris*, 1774, in-4, v. m. fig.

11 Traité de l'Aurore boréale. 1754, in-4, demi-reliure.

12 Le Spectacle de la nature et l'Histoire du ciel, par Pluche. *Paris*, 1764, 11 vol. in-12, v. m. fig.

13 Œuvres de Franklin. *Paris*, 1773, 2 vol. in-4, bas. rac. fig.

14 Histoire naturelle de Buffon. *Paris*, *Saugrain*, an 7, 70 vol. in-18, br. en cart. fig.

15 Les Délices des yeux et de l'esprit, par Knorr. *Nuremberg*, 1771, in-4 br. en cart. fig. col.

16 Traité élémentaire et complet d'Ornithologie, par Daudin. *Paris*, 1800, 2 vol. in-4, pap. vél. br. fig.

17 Voyages métallurgiques, par Jars. *Lyon*, 1774. Le tome premier, bas.

18 Agriculture complète, par Mortimer. *Paris*, 1771, 4 vol. in-12.

19 Cours d'Agriculture, par Rozier. *Paris*, 1781 et années suivantes, 12 vol. in-4, demi-rel.

20 La Théorie et Pratique du jardinage. *Paris*, 1748, in-4, fig.

21 Traité de la culture du Nopal, et de l'éducation de la Cochenille, par Therry de Monville. *Paris*, 1787, 2 vol. in-8, br.

22 Recueil d'Expériences sur les teintures solides, par Dambourney, *In*-8. — Essai sur l'art de la teinture, par Scheffer, 1787, in-8. — L'Art de la teinture, par Hellot. 1786, in-12.

23 Elémens de la teinture, par Berthollet. *Paris*, 1791, 2 vol. in-8, bas.

24 Cours de l'art de la teinture, par Homassel. *Paris*, an 7, in-8, bas. — Instruction sur la teinture, par Poerner. *Paris*, 1791, in-8, bas.

25 Essai sur le blanchiment des toiles, par O'reilly. *Paris*, 1801, in-8, bas.

26 Le Cuisinier impérial. 1807, in-8 br.

27 Théorie des Beaux-Arts, par Sulzer (en allem.) *Leipsick*, 1792, 4 vol. in-8, bas.

28 Encyclopédie, édition de Genève. 1778, 39 vol. in-4, demi-rel.

29 Vies des plus fameux Architectes, par Dargenville. *Paris*, 1787, 2 vol. in-8, v. m. — Vies des Architectes, par Pingeron. *Paris*, 1771, 2 vol. in-12, bas.

(6)

30 Le Vite de' Più celebri Architetti. *In Roma*, 1768, in-4, v. m. fig.

31 Mémoires sur tous les objets les plus importans de l'architecture, par Patte. *Paris*, 1769, in-4.

32 Les dix Livres de l'architecture de Vitruve. *Paris*, 1673, in-fol. v. br. fig.

33 Architecture de Vignole (en allemand). 1725, in-4, fig.

34 Cours d'Architecture, par d'Aviller. *Paris*, 1756, in-4, v. m. fig. — Dictionnaire d'Architecture, par le même. *Paris*, 1755, in-4, v. mar.

35 Dictionnaire d'Architecture, par Roland le Virloys. *Paris*, 1770, 3 vol. in-4, v. m. fig.

36 Prix d'Architecture. *Un vol.* in-fol.

37 Principes de l'ordonnance et de la construction des bâtimens, par Viel. *Paris*, 1797, in-4, bas. fig. — Décadence de l'Architecture, par le même. *Paris*, 1800, in-4, bas. fig.

38 Projet d'Architecture, de Charpente et autres, concernant la construct. des ponts, par Pitrou. *Paris*, 1756, in-fol. demi-rel. fig.

39 Traité théorique et pratique de l'art de bâtir, par Rondelet. *Paris*, 1802 et ann. suiv. 5 vol. in-4, br. en cart. fig. — Mémoire historique sur le dôme du Panthéon, par le même. 1797, in-4, br. en cart. fig.

40 Mémoires des dépenses que le Roi a faites dans ses bâtimens, depuis l'année 1664 jusques en l'année 1690 inclusivement. *In-fol.* manusc.

41 Architecture pratique, par Bullet. 1762, in-8,
v. m. — Loix des bâtimens, par Desgodets.
1748, in-8, v. m. — Détail général des fers,
par Bonnet. 1782, in-8 br. — Traité de Char-
penterie, par Mesange. 1753, 2 vol. in-8, v.
mar.

42 Le Guide de ceux qui veulent bâtir, par Camus
de Mezières. *Paris*, 1781, 2 vol. in-8, br. —
De la force des bois, par le même. 1783, in-8,
br.

43 Traité des Chemins, par Gautier. 1782, 2 vol.
in-8, v. m.

44 Tableaux détaillés des prix des ouvrages de
bâtimens, par Morisot. *Paris*, 1804 et années
suivantes, 4 vol. in-8 br.

45 Leçons d'architecture, données à l'École po-
lytechnique, par Durand. *Paris*, 1802. Le tom.
1 in-4, br. fig.

46 Le magnifique Château de Richelieu, par
Marot. *In-4 obl.* br. en cart.

47 Dessins des édifices, meubles, habits, ma-
chines et ustensiles des Chinois, par Chambers.
Gr. in-fol. demi-rel. fig.

48 Temples anciens et modernes. *Paris*, 1774,
2 vol. gr. in-8, bas. fig. — Essai sur l'Architecture, par Laugier. *Paris*, 1755, in-8, bas.

49 La Mécanique appliquée aux Arts, par Ber-
thelot. *Paris*, 1781, 2 vol. in-4, demi reliure,
fig.

50 Le Cabinet de Grollier de Serviere. *Lyon*,
1733, in-4, demi-rel. fig.

51 Architecture hydraulique, par Bélidor. *Paris*, 1738 et 1750, 4 vol. gr. in-4, v. m. fig.

52 Trattato de' Canali navigabili dell' abate Antonio Lecchi. *In Milano*, 1776, in-4, demi-rel.

53 Recherches sur les moyens de perfectionner les canaux de navigation, par Fulton. *Paris*, an 7, in-8, bas. — La Science des canaux navigables, par de Fer de la Nouerre. *Paris*, 1786, 2 vol. in-8.

54 Histoire du canal du Midi, par Andreossi. *Paris*, an 8, bas. — du canal de Languedoc. *Paris*, 1805, in-8, bas.

55 Science des Ingénieurs, par Bélidor. *Paris*, 1729, in-4, v. m. fig.

56 De la défense et de l'attaque des petits postes, par Fossé. *Paris*, *Didot aîné*, 1785, in-4 br. en cart. fig. col.

57 La Marine des anciens peuples, les Navires des anciens, et nouvelles Recherches sur le vaisseau long des anciens, par le Roy. 1776, 1783 et 1786, 3 vol. in-8 br. — Lettres à Franklin, par le même, 1787, in-8 br.

58 Mémoire sur les travaux qui ont rapport à l'exploitation de la mâture dans les Pyrénées, par le Roy. *Paris*, 1776, in-8, demi-rel. fig.

59 Histoire générale de la Musique, par de Blinville. 1767, in-4, bas.

59 *bis.* Théorie de la Musique, par Balliere. 1764, *in-4°. bas.*

60 Démonstration du principe de l'harmonie, par Rameau. 1750, in-8. — Elémens de musique, par d'Alembert. 1762, in-8. — Traité des accords. 1764, in-8.

61 Observations sur les principes de l'harmonie,
par Serre. 1775, in-8. — Recherches sur la
théorie de la musique, par Jamard. 1769, in-8.

62 Observations sur la Musique, et principalem.
sur la Métaphysique de l'art. 1770, in-8. — Explication du système de l'harmonie, par De
Liron. 1785, in-8. — De la Musique, consi-
dérée en elle-même et dans ses rapports avec la
parole, les langues, la poésie et le théâtre. 1785,
in-8, v. m.

63 Mémoires pour servir à l'histoire de la révolu-
tion opérée dans la musique, par Gluck. 1781,
in-8. — Théorie acoustico-musicale, par Sure-
main-Missery. 1793, in-8. — Le Musicien-pra-
tique, trad. de l'Italien d'Azopardi, par Fra-
meri. 1786, in-8.

BELLES LETTRES.

64 Principes de la littérature, par Batteux. *Lyon*,
1800, 6 vol. in-12, bas.

65 Dictionnaire étymologique des mots français
dérivés du Grec, par Marin. *Paris*, *Warée*,
1803, in-8, bas.

66 Dictionnaire de Trévoux. *Paris*, 1771, 8 vol.
in-fol. v. m.

67 Mémoires sur la langue Celtique, par Bullet.
Besançon, 1754, 3 vol. in-fol. v. m.

68 Dictionnaire anglais et français et français et
anglais de Boyer. *Lyon*, 1783, 2 vol. in-8, v.
mar.

69 Les Mois, par Roucher. *Paris*, 1779, 4 vol. in-12, bas.

70 Les Georgiques françaises, par La Bergerie. *Paris*, 1804, 2 vol. in-8, bas.

71 Poesie del Signor Metastasio. *Parigi*, 1755, 12 vol. in-12, v. m.

72 Delle Comedie di Goldoni. *In Venezia*, 1761, 17 tomes en 9 vol. in-8.

73 Œuvres de Fontenelle. *Paris*, 1758, 10 vol. in-12, v. m.

74 Œuvres de Montesquieu. *Londres*, 1768, 3 vol. in-4, v. m.

75 Œuvres de Bernard Palissy. *Paris*, 1777, in-4, v. m.

76 Œuvres de Falconet. *Lausanne*, 1781, 6 vol. in-8, bas.

77 Les Aventures de Télémaque. *Paris*, 1763, 2 vol. in-12, v. m. fig.

HISTOIRE.

78 Géographie ancienne, par D'Anville. *Paris*, 1768, 3 vol. in-12, bas. avec les cartes.

79 Voyage d'Italie, par Misson. *Paris*, 1743, 4 vol. in-12, v. m. fig. — Délices de l'Italie. *Paris*, 1707, 4 vol. in-12, v. fau. fig.

80 Voyage de Montaigne en Italie. *Paris*, 1774, gr. in-4, demi-rel. — Lettres sur l'Italie, par Dupati. 1788, 2 vol. in-8, bas.

81 Voyage d'Italie, par Cochin. *Paris*, 1758,
3 vol. in-12, v. m.

82 Voyage de la Troade, par le Chevalier. *Paris*,
an 7, in-8, bas.

83 Voyage de la Troade, par le Chevalier. *Paris*,
1802, 3 vol. in-8 et atlas in-4, bas.

84 Voyage en Syrie et en Egypte, par Volney.
Paris, 1787, 2 vol. in-8, bas.

85 Voyage de Richard Pockocke. *Paris*, 1771,
6 vol. in-12, bas.

86 Voyage dans la Haute et Basse-Egypte, par
de Non. *Paris, Didot aîné*, 1803, 3 vol. in-12,
bas.

87 Relation du Voyage de la mer du Sud, par
Frezier. *Paris*, 1732, in-4, bas.

88 Le Génie du Christianisme. *Paris*, 1802, 4
vol. in-8, v. rac. dent. tr. d.

89 La République Romaine, par Beaufort. *Paris*,
1767, 6 vol. in-12 bas.

90 Les Commentaires de César. *Paris, Barbou*,
1776, 2 vol. in-12, v. m.

91 Grands chemins de l'Empire Romain, par
Bergier. *Bruxelles*, 1736, 2 vol. in-4, v. m.
fig.

92 Ammien Marcellin, trad. en français. *Berlin*,
1775, 3 vol. in-12, v. fau. fil.

93 Histoire des Celtes, par Pelloutier. *Paris*,
1770, 8 vol. in-12, bas.

94 Notice sur l'ancienne Gaule, par D'Anville.
Paris, 1760, in-4, v. m.

95 Description de la France, par de Longuerue.
Paris, 1719, in-fol. v m.

96 Histoire critique de l'établissement de la mo-
narchie française dans les Gaules, par Dubos.
Paris, 1742, 2 vol. in-4, v. m. — Antiquités
de Paris, par Du Breuil. *Paris*, 1612, in-4, v.
fau. — Histoire générale du Gastinois, par
Guillaume Marin. *In-4*, bas.

97 Antiquités de Paris, par Sauval. *Paris*, 1724,
3 vol. in-fol. v. br.

98 Dictionnaire de la ville de Paris, par Hurtaut.
Paris, 1779, 4 vol in-8, demi-rel.

99 Histoire de la ville de Paris, par le Beuf.
Paris, 1754, 15 vol. in-12, bas. — Divers
Ecrits pour servir d'éclaircissemens à l'histoire
de France, par le même. *Paris*, 1738, 2 vol.
in-12. — Dissertations du même. *Paris*, 1739,
3 vol. in-12, v. m.

100 Histoire de la ville de Paris, par Febien.
Paris, 1725, 5 vol. in-fol. gr. pap. v. br. fig.

101 Voyages souterrains de Paris, par feu M.
Guillaumot. 1786, in-8, manuscrit.

102 Histoire de la ville de Beaune, de ses antiquités, par Gaudelot. *Paris*, 1779, in-4, dem.
rel. — Dissertations sur les anciens monumens
de la ville de Bordeaux. *Bordeaux*, 1754,
in-4, bas.

103 Les Mémoires de Sully. *Londr.* 1763, 8 vol.
in-12, v. m.

104 Les Mémoires du Baron de Tott. *Amst.* 1785,
4 parties en 2 vol. in-8, bas. — Considérations
sur la guerre des Turcs, par Volney. 1788. —
Examen des considérations sur la guerre des
Turcs. *Amst.* 1788, in-8, bas.

105 Description de l'Egypte, par le Mascrier.
La Haye, 1740, 2 vol. in-12, v. fau. fil. fig.

106 Recherches sur les Chinois, les Grecs et les
Américains, par Pauw. *Berlin*, 1771, 10 vol.
in-12, bas.

107 Histoire de l'Art chez les Anciens, par Winkelmann. *Paris*, 1766, 2 vol. in-8. — Lettres
familières du même. 1781, 2 vol. in-8, bas.

108 Œuvres de Winkelmann. *Paris*, 1790, 3 vol.
in-4, br. en cart. fig.

109 Explication de divers monumens singuliers
qui ont rapport à la religion des plus anciens
peuples. *Paris*, 1739, in-4, v. éc. fil. fig.

110 Recueil d'Antiquités égyptiennes, étrusques,
grecques et romaines, par Caylus. *Paris*,
1761 et ann. suiv. 7 vol. in-4, v. éc. fil. tr. d. fig.

111 Ruines de la Grèce, par le Roy. *Paris*, 1770,
gr. in-fol. v. m. fig.

112 Ruines de Palmire et de Balbec. *Lond.* 1753
et 1757, 2 tomes en 1 vol. gr. in-fol. v. m. fig.

113 Antiquités d'Herculanum, grav. par David.
8 vol. in-8. — Etrusques, par le même. 4 vol.
in-8, fig.

114 Lettres sur la découverte d'Hrculanum, par
de Gorrevon. *Yverdon*, 1770, 2 vol. in-8, bas.

115 Antonini Augustini vetera Romanorum iti-
nereraria curante Wesselingio. *Amst.* 1735,
in-4, v. fau. fil.

116 Monumens de Rome, par Barbault. *Rome*,
1761 et 1770, 2 vol. in-fol. demi-rel. fig.

117 Il Terzo libro del nuovo splendore di Roma
moderna. 1690, in-fol. obl.

118 Vues des Monumens antiques de Rome, par
Baltard. 8 *livraisons* gr. in-4.

119 Le grand Cabinet Romain, par Michel-
Ange de la Chaussée. *Amst.* 1706, in-fol, v. br.

120 Antichita di Pozzuoli. *Gr. in-fol.* demi-rel.
fig.

121 Recueil d'antiquités dans les Gaules, par de
la Sauvagère. *Paris*, 1770, in-4, demi-rel. fig.

122 Traité des Monnoies de France, par Le Blanc,
et Dissertations sur les Monnoies, par le même.
2 *vol. in-4*, v. brun et bas. — Observations sur
la Déclaration du 30 décembre 1785, sur l'aug-
mentation progressif du prix des matières d'or
et d'argent, depuis 1726 jusqu'en 1787. *In-8*.
br.

123 Histoire et Mémoire de l'Académie des Ins-
criptions. *La Haye*, 1718 et ann. suiv. 100 vol.
in-12, v. m.

124 Les Mémoires de Marmontel. *Paris*, 1804,
4 vol. in-12, bas.

125 Dictionnaire historique de Moreri. *Paris*,
1759, 10 vol. in-fol. v. m.

126 Dictionniare historique de Bayle. *Amsterd.*
1734, 5 vol. in-fol. v. m. — Remarques sur
Bayle. *Paris*, 1752, in-fol. v. m.

Les Livres seront vendus dans l'ordre suivant:

Le Lundi 11,

Du N°. 1 au N°. 63.

Le Mardi 12,

Du N°. 64 au N°. 126.

Nota. On vendra, au commencement des va-
cations, des Livres qui n'ont point été portés dans
la Notice : on pourra les voir le matin, depuis
midi jusqu'à deux heures.

De l'Imprimerie française et allemande de J. L. Scherff,
rue des Bons-Enfans N°. 30.

... vol. in-fol., v. m. — Hommes et
... dans la Notice, 1792, in-fol. v. m.

Ces Livres se vendent dans l'endroit suivant:

Rue Neuve n.

Du N°. 1 au N°. 85.

Se trouve à

N°. 64 au N°. 156.

On vendra, au commencement des va-
pations des Livres qui n'ont point été portés dans
la Notice : on pourra les voir le matin, depuis
midi jusqu'à deux heures.